BEI GRIN MACHT SICH IHR WISSEN BEZAHLT

AF144670

- Wir veröffentlichen Ihre Hausarbeit,
  Bachelor- und Masterarbeit

- Ihr eigenes eBook und Buch -
  weltweit in allen wichtigen Shops

- Verdienen Sie an jedem Verkauf

Jetzt bei www.GRIN.com hochladen und kostenlos publizieren

Bibliografische Information der Deutschen Nationalbibliothek:

Die Deutsche Bibliothek verzeichnet diese Publikation in der Deutschen National-
bibliografie; detaillierte bibliografische Daten sind im Internet über http://dnb.d-
nb.de/ abrufbar.

Dieses Werk sowie alle darin enthaltenen einzelnen Beiträge und Abbildungen
sind urheberrechtlich geschützt. Jede Verwertung, die nicht ausdrücklich vom
Urheberrechtsschutz zugelassen ist, bedarf der vorherigen Zustimmung des Verla-
ges. Das gilt insbesondere für Vervielfältigungen, Bearbeitungen, Übersetzungen,
Mikroverfilmungen, Auswertungen durch Datenbanken und für die Einspeicherung
und Verarbeitung in elektronische Systeme. Alle Rechte, auch die des auszugsweisen
Nachdrucks, der fotomechanischen Wiedergabe (einschließlich Mikrokopie) sowie
der Auswertung durch Datenbanken oder ähnliche Einrichtungen, vorbehalten.

Impressum:

Copyright © 2019 GRIN Verlag
Druck und Bindung: Books on Demand GmbH, Norderstedt Germany
ISBN: 9783346038999

Dieses Buch bei GRIN:

https://www.grin.com/document/502213

Isabel Ast

Die Bedeutung von Traum und Träumen in Ingeborg Bachmanns "Ein Geschäft mit Träumen"

GRIN Verlag

GRIN - Your knowledge has value

Der GRIN Verlag publiziert seit 1998 wissenschaftliche Arbeiten von Studenten, Hochschullehrern und anderen Akademikern als eBook und gedrucktes Buch. Die Verlagswebsite www.grin.com ist die ideale Plattform zur Veröffentlichung von Hausarbeiten, Abschlussarbeiten, wissenschaftlichen Aufsätzen, Dissertationen und Fachbüchern.

Besuchen Sie uns im Internet:

http://www.grin.com/

http://www.facebook.com/grincom

http://www.twitter.com/grin_com

Freiherr-vom-Stein-Gymnasium

Leverkusen

Facharbeit

Die Bedeutung von Traum und Träumen in Ingeborg Bachmanns:

„Ein Geschäft mit Träumen"

Verfasserin:	**Isabel Ast**
Kurs:	Deutsch Leistungskurs
Monat der Fertigstellung:	August

Inhaltsverzeichnis

1. Einleitung

Träume sind mysteriös, wir wissen nicht wo sie herkommen und ob und was sie zu bedeuten haben. Mit dieser Frage werde ich mich in meiner folgenden Facharbeit auseinander setzen und sie in der Interpretation des Hörspiels „Ein Geschäft mit Träumen" von Ingeborg Bachmann wieder aufgreifen. Ich habe mir dieses Thema ausgesucht, da ich Träume sehr interessant finde und mich schon des Öfteren mit Traumdeutungen beschäftigt habe, weshalb ich mich nun intensiv damit auseinander setzen kann. Aus Platzgründen werde ich nur die ersten beiden Träume der Hauptfigur ausführlich analysieren und den dritten Traum nur kurz erläutern, da dieser ohnehin nicht derartig relevant für die Deutungshypothese ist. Dafür werde ich als dritte Komponente die Ergebnisse meiner Umfrage zu meinem Themenfeld präsentieren und daraus schlussfolgern. Mein Ziel ist es, herauszufinden, was die Bedeutung von Träumen in Ingeborg Bachmanns Hörspiel ist. Dazu werde ich eine Textanalyse schreiben, bei der ich zunächst auf die Charaktere und die reale Situation dessen eingehe und im Anschluss auf die Träume und deren Wirkung.

2. Hauptteil

Die erste Frage, die wir uns automatisch stellen, lautet: „Was sind Träume überhaupt?" Es gibt wohl kaum einen Wissenschaftler, der uns die eindeutige Antwort darauf geben kann. Oder? Erst spät wurde über das Thema Träume geforscht und man fand heraus, dass „das Träumen nicht weniger ist als ein eigener Bewusstseinszustand"[1], ohne den wir im Wachzustand erhebliche Schwierigkeiten bekommen könnten. Dies bestätigt auch die Autorin Pamela Ball: „In der Zwischenzeit ist bewiesen, dass der Mensch Schlaf braucht, um erfolgreich zu funktionieren"[2]. Ein wichtiges und für meine Analyse bedeutendes Zitat kommt von Autor Willy Peter Müller und lautet: „Traum ist Wahrheit. Und Wahrheit heilt"[3],. Wie das mit dem Thema meiner Facharbeit zusammen hängt, wird in meiner Textanalyse deutlich gemacht.

---

[1]Hürter (2011)
[2]Ball (2007), S. 9
[3]Müller (2010)

2.1. Vorstellung und Inhalt des Hörspiels

Das Hörspiel „Ein Geschäft mit Träumen", 1952 von Ingeborg Bachmann vom NWDR Hannover für den Hörfunk aufgenommen und anschließend verfasst hat eine große Bedeutung für die Interpretation der Bedeutung von Träumen. Es handelt von einem schüchternen, peniblem Angestellten namens Laurenz, dem Ich-Erzähler, der seinem Vorgesetzten immer alles recht machen möchte, ohne auf seine eigenen Bedürfnisse Rücksicht zu nehmen. Eines Tages gelangt er in ein Geschäft, in dem ihm drei Träume vorgestellt werden, welche er anschließend mit Zeit kaufen kann.

2.2 Analyse des Hörspiels

Die Träume in Ingeborg Bachmanns Hörspiel sollen anhand von Hyperbeln und paradoxen Sätzen, sowie durch Antithesen und Allegorien die insgeheimen und unterbewussten Wünsche der Hauptfigur Laurenz im Kontrast zu seinem realen Leben darstellen, mit der Wirkung, diese beiden Parallelen verknüpfen zu können und dadurch logische Zusammenhänge in Hinsicht zu Traum und Realität herstellen zu können. Diese Hypothese werde ich am Ende meiner Interpretation erneut aufgreifen. Das Hörspiel ist kurz nach dem zweiten Weltkrieg entstanden, weshalb vorausgesetzt werden kann, dass es eine appellierende Funktion für den Leser hat, da es der Trümmerliteratur zuzuordnen ist.

Zu Beginn meiner Analyse werde ich auf die verschiedenen Charaktere eingehen, die in dem Hörspiel vorgestellt werden, da dies eine notwendige Komponente für meine Interpretation darstellt. Herr Mandl, Herr Nowak und Anna sind Kollegen, welche in ihrem Büro über sehr alltägliche Dinge wie zum Beispiel das Licht sprechen: „Ja, ich habe es unlängst in der „Wochenpost" gelesen. Ich glaube es war die „Wochenpost". Man sollte dunkle Brillen bei diesem Licht tragen"[4]. Durch die Gedankenwechsel während des Gesprächs und die eigentlich sinnlosen Gesprächsthemen entsteht in dieser Szene eine sehr realistische,

---

[4]Bachmann (1982), S.7

gewöhnliche Atmosphäre und es ist, als würde man zwei Leuten bei ihrer Unterhaltung zuhören: „Nein, das ist nicht notwendig, oder eigentlich doch, geben Sie her"[5]. Diese besonders alltägliche Atmosphäre wird das gesamte Hörspiel über beibehalten, was die folgenden Träume zwar umso befremdlicher wirken lässt, sie aber auch realitätsnäher gestaltet.

Als Nächstes wird der Generaldirektor charakterisiert, welcher schon zu Beginn mürrisch und unfreundlich erscheint: „Haben Sie nicht gehört, ich habe Sie zweimal angerufen, warum heben Sie das Telephon [sic] nicht ab?"[6]. Dieser beschwert sich anfangs, dass Herr Mandl früher gegangen ist, daraufhin jedoch bemängelt er, dass Laurenz noch immer da ist: „Ich habe es nicht gern, wenn mir Leute beweisen, dass sie „immer da" sind. Es ist aufdringlich, „immer da" zu sein. Damit kann man mir nicht imponieren" (S.11). Daran zeigt sich, dass der Generaldirektor immerzu unzufrieden mit seinen Kollegen ist, ganz egal, was sie tun. Er wird somit in einer sehr mächtigen und überlegenen Position gezeigt, was für den weiteren Verlauf der Analyse äußerst wichtig ist. Den Gegencharakter dazu bildet Laurenz, er ist ein weiterer Angestellter und der Protagonist der Handlung. Durch die Aposiopese, also dass er sich immer wieder von seinen Kollegen unterbrechen lässt, wirkt er schüchtern und den anderen unterlegen: „Ja, der Chef hat mir erlaubt..."[7], „Oh, ich bin schon für ein Gespräch zu..."[8]. Des Weiteren kann er aufgrund der Tatsache, dass er immer als Erster auf die Arbeit kommt und sie als Letzter verlässt, als stilles Arbeitstier bezeichnet werden, welches nur für seinen Job lebt. Es ist auffällig, dass Laurenz seinen Kollegen sowie seinem Chef immer alles recht machen möchte und daher immerzu bei deren Aussagen zustimmt, anstatt seine eigene Meinung zu äußern: „Oh ja, Strümpfe sind vielleicht noch besser" (...) „Ja, Taschentücher sind sehr praktisch"[5].

---

[5]Bachmann (1982), S.8
[6]" S. 9
[7]" S.13
[8]" S.17

Man erfährt allerdings kaum etwas über die Gefühle und Gedanken des Laurenz', was sich jedoch durch die Träume ändern wird, die er vorgestellt bekommt. Nach der Arbeit geht Laurenz mit seinem Kollege Herr Mandl noch durch die Einkaufstraße, um ihn beim Geschenkkauf zu beraten, als Laurenz aus Langeweile in ein Geschäft gerät, welches er zuvor noch nicht gesehen hatte. Obwohl er eigentlich auf Herr Mandl warten soll, welcher jedoch nicht erscheint, betritt er den Laden und bekommt drei verschiedene Träume vorgestellt, die jeweils in Hinsicht auf Laurenz´ aktuelle Lebenslage analysiert werden können:

Bei dem ersten Traum handelt es sich um einen Alptraum, bei dem Laurenz mit seinen Kollegen durch einen Tunnel rast und dabei großen Gefahren und Todesängsten ausgeliefert ist, weil der Generaldirektor sie aus der Luft mit Bomben angreift. Laurenz versucht, seine verängstigten und um Hilfe rufenden Kollegen zu retten, was zeigt, dass er sich insgeheim um das Wohlbefinden seiner Kollegen sorgt, auch wenn er oftmals schweigsam wirkt. Er schreit Herr Mandl sogar als „Herr Freund!"[9] an, eine Enthüllung seiner Wahrnehmung von einer Freundschaft mit seinem Kollegen. In diesem Traum werden auch das erste Mal Andeutungen zu seiner Beziehung zu Anna gemacht, welche in den anderen Träumen weiter ausgeführt werden. Diese befindet sich ebenfalls in großer Gefahr und heult „Ich blute, mit zweihundert Stundenkilometern!"[10] einen völlig unsinnigen Satz, welcher sich aus ihrer Verletzung und aus der Geschwindigkeit des durch den Tunnel rasenden Zuges ergibt.

Das Geräusch des Zuges im Hintergrund, welches in der Traumdeutung eine unveränderliche Zukunft bedeutet, gemischt mit dem unlogischen Gerede von Anna ergibt die Deutung, dass Laurenz sich so fühlt, als würde er Anna niemals verstehen können. Diese Interpretation wird später wichtig, um die Beziehung zwischen Anna und Laurenz besser verstehen zu können. Auch das Traummotiv des Zuges, eine Allegorie, der in einen Tunnel rast, kann unterschiedlich gedeutet werden. Grundsätzlich steht der Tunnel für die unbewussten Persönlichkeitsanteile, die erst im Traum erkennbar werden[11], was bei Laurenz einerseits seine Fürsorglichkeit für seine Kollegen und andererseits seine

---

[9]Bachmann (1982), S.23
[10]" S. 24
[11]Pofalla (O.J.)

Empfindungen für Anna sind, welche die in die Dunkelheit fahrende Bahn in Laurenz' Bewusstsein des rufen möchte. Die hohe Geschwindigkeit des Zuges, von der Anna spricht, ist ebenfalls ein Traummotiv, welches starke Gefühle verkörpert, die in der Wachwelt nicht wahrgenommen werden. Somit hängt dieses Traumotiv mit dem des Zuges zusammen und bestätigt Laurenz` unbewussten Gefühle für seine Kollegin Anna. Gleichermaßen interessant ist die spirituelle Deutung der Geschwindigkeit im Traum, da diese nämlich auf den Verlust des Zeitgefühls des Träumenden hinweist. Dieser Zeitverlust taucht gegen Ende des Hörspiels bei Laurenz auf, nachdem er alle Träume gesehen hat und sich wieder in der Realität befindet.

Außerdem soll der Traum die Position von Laurenz in der Büroanarchie zeigen und die Macht des Generaldirektors symbolisieren, da dieser von oben herab seine Angestellten angreift und diese ihm gegenüber hilflos sind.

Ein sehr auffälliges rhetorisches Mittel ist im ersten Traum die ständige Wiederholung von den selben Sätzen: „Ich kann nicht mehr, ich kann nicht mehr"[6]. Dieses Stilmittel gestaltet die Situation im Alptraum nochmal dramatischer und hebt das Gefühl der Angst und Verzweiflung hervor.

Sehr widersprüchlich wirkt das Paradoxon in dem Traum, welches ich in meiner Deutungshypothese bereits erwähnt habe: „Da ist der Tunnel, hier, nein dort, nein, da"[10]. Dadurch wird beim Leser Verwirrung erzeugt, welche ihm verdeutlicht, dass er sich gerade in einem Traum befindet, da dieser ebenfalls oftmals unlogisch und verwirrend erscheint.

Nach diesem ersten Traum ist Laurenz sehr erschrocken und lehnt ihn ab, woraufhin ihm der Verkäufer den zweiten Traum zeigt.

In diesem Traum ist die reale Situation zwischen Laurenz und dem Generaldirektor umgekehrt und Laurenz` Verhalten in einer extremen Hyperbel dargestellt. Daraus lässt sich schließen, dass die Träume antithetisch sind. Laurenz schlüpft in die Rolle eines ausgesprochen herrschsüchtigen, fascistisch angehauchten Chefs, der sich wie ein äußerst mächtiger und erhabener König aufführt: „Lachen Sie nicht, schreiben Sie! Und wenn sie fertig sind und das Gesetz in das laurenzische bürgerliche Gesetzbuch aufgenommen ist, lassen Sie der Regierung mitteilen, dass ich bereit bin, die Regierung zu übernehmen"[12].

Dieser Traum äußert den innersten Wunsch von Laurenz, in der Realität von den anderen bemerkt und bewundert zu werden und stellt gleichzeitig seine Verachtung des Generaldirektors dar, indem er ihn in diesem Traum in übertriebener Weise imitiert. Endlich erfährt der Leser, dass Laurenz in Wirklichkeit wütend auf seinen Kollegen Herr Mandl ist, der ihn in der Stadt im Stich gelassen hat. Diese Wut wird nämlich erst in Laurenz' zweiten Traum offenbart, als er Herr Mandl, welcher im Traum der Musikant ist, zu ihm bestellt, damit dieser ihm neue Musik schreibt[13]. Daraufhin beschimpft Laurenz ihn und befiehlt ihm zu gehen: „Schluss mit der Musik! (…). Hinaus! Ihre Musik lügt ja!"[13], „Ich lasse ihre Instrumente kurz und klein schlagen, wenn Sie noch einmal lügen!"[12]. Mit dem Wort „lügen" lässt sich ein klarer Bezug zur Realität herstellen, da Herr Mandl Laurenz versprochen hatte, auf ihn zu warten, es jedoch nicht getan hat. Die Musik kann auf das freundliche Gerede des Herrn Mandl bezogen werden, als er Laurenz verspricht, wiederzukommen. Laurenz lebt also im Traum seine Gefühle aus, zu denen er im realen Leben nicht steht oder bei denen er sich nicht traut, sie in irgendeiner Form auszudrücken. Dies lässt mich eine Verbindung zu meiner Deutungshypothese aufstellen, dass sich Traum und Realität stets verknüpfen lassen, um unterdrückte Gefühle und Gedanken zu verarbeiten, da dies laut Sigmund Freud oftmals im Wachzustand nicht möglich ist. In seinem Traum als Generaldirektor stellt Anna seine Sklavin dar, die Laurenz gehorcht und ihn verehrt. Ebenfalls ein Wunsch nach der Liebe und Fürsorge von Anna, die er sich in Wirklichkeit sehnlichst erhofft. Auf dem Weg zum Mond springt diese jedoch bewusst aus der Traum-Rakete und begeht Selbstmord, da sie befürchtet, für Laurenz nicht gut genug zu sein und ihm nichts zu bedeuten, womit sie nicht leben kann: „Leben Sie wohl, machen Sie sich Erde und Himmel untertan. Meine Zeit ist um, ich konnte Ihnen nichts bedeuten"[14]. Möglicherweise wollte sie Laurenz aber auch nicht mehr dienen und beging den Selbstmord aus Frustration. Der Selbstmord einer geliebten Person kann als Traumsymbol bedeuten, dass Laurenz Anna mehr Aufmerksamkeit schenken sollte, um sie für sich zu gewinnen, da sie ansonsten jemand anderen kennen

---

[12]Bachmann (1982), S. 29
[13]Bachmann (1982), S. 28
[14]" S. 32

lernen und von der Bildfläche verschwinden könnte, was durch ihren Tod dargestellt wird. Diese Traumszene soll Laurenz also in seinem Leben weiterhelfen, indem er ihm einen Ruck gibt, Anna anzusprechen und sie von sich zu überzeugen. Generell kann dieses Traumbild den Träumenden darauf aufmerksam machen, dass es Zeit ist, im Leben etwas zu ändern[15], was in Laurenz` Fall der erste Schritt zu Anna`s Herz sein könnte.

Laurenz ist von diesem Traum amüsiert, jedoch auch etwas verschreckt und bittet um die Vorstellung des dritten Traums.

Hierbei handelt sich um eine Trennung zu seiner Freundin Anna, die gegen Laurenz' Willen ein Schiff besteigt und damit wegfährt, wissentlich, dass sie auf dem Meer der Tod erwartet. Laurenz ist niedergeschlagen und möchte seine Geliebte zurückhalten, doch diese hört nicht auf ihn und geht mit dem Schiff unter: „(…) ich hasse das Leben und die Menschen, die in die Berge fahren wollen, sich ein Haus bauen und mir im Garten des Abends die Augen mit Küssen bedecken...Aber ich liebe den Tod" [16]. Anna äußert ganz klar, dass sie nicht mit Laurenz zusammen leben möchte, sondern lieber sterben würde, genau so, wie es im zweiten Traum auch zuging, nur dass Anna Laurenz in diesem Traum etwas bedeutet und er ihr in den Tod folgt: „Anna, aber selbst wenn ich auf den Grund des Meeres tauchen müsste: ich hole dich!"[17].

Der Traum legt ganz klar offen, dass Laurenz in seine Kollegin verliebt ist und sogar für sie sterben würde, auch wenn seine Gefühle nur einseitig sind.

Das sinkende Schiff deutet in der Traumdeutung auf Gefahren und Hindernisse hin und warnt vor einem Scheitern der Pläne von Laurenz, was ihn widersprüchlich zu dem Selbstmordmotiv davor warnt, sich Anna zu nähern, da er möglicherweise von ihr zurück gewiesen werden würde. Diese zwei Gegensätze in seinen Träumen können aber miteinander verbunden werden und bedeuten, dass Laurenz sich trotz möglicher Abweisung überwinden sollte, auf Anna zuzugehen, da er sonst niemals herausfinden wird, ob sie für ihn das gleiche fühlt wie er für sie und dass ihn dieses Ungewisse in seinem Leben sehr

---

[15]Pofalla (O.J.)
[16]Bachmann (1982), S. 37
[17]„ S. 39

plagt. Diese Vermutung meinerseits wird am Ende des dritten Traumes bestätigt, wo sich Anna und Laurenz bedingungslos lieben, nachdem sie beide tot sind, was bedeuten könnte, dass sie sich ihre womögliche Liebe zueinander im echten Leben eingestehen sollten, bevor es dafür zu spät ist.

Diesen Traum möchte Laurenz kaufen, doch nachdem der Verkäufer ihm erklärt, dass er mit einem Monat seiner Lebenszeit dafür bezahlen muss, lässt er es sein und läuft völlig erschrocken zur Arbeit, da während seiner Träume viel Zeit vergangen ist. Damit weise ich nochmal auf die spirituelle Deutung der Geschwindigkeit hin, welcher für den Zeitverlust steht. Dabei kann man den Titel des Hörspiels ebenfalls deuten, da es sich bei dem Geschäft mit Träumen nicht nur um einen Laden handelt, in dem Träume angeboten werden, sondern auch darum, wie der Verkäufer der Träume ein Geschäft mit Laurenz eingehen möchte, indem er seine Kunden mit ihrer Lebenszeit bezahlen lässt. Laurenz nimmt das Geschäft aber nicht an und sein Leben nimmt wieder seinen gewohnten Lauf.

2.3. Bezug zur psychologischen Bedeutung von Träumen

Wie alltäglich und zugleich seltsam dieses Phänomen doch ist![18] Der wohl bekannteste Psychoanalytiker in der Traumdeutung nahm anhand seiner eigenen Erfahrungen an, dass im Traum das Unterbewusste offenbar einen unterdrückten Wunsch auslebt, den man sich wach nie eingestanden hätte, quasi die verborgenen Gedanken und Gefühle, die im Wachzustand verdrängt werden. Er ging also davon aus, dass jeder Traum einen Sinn hat[18]. Jedoch widerspricht bekanntlich das Traumgeschehen nur zu oft allen Regeln der Logik und Vernunft[19]. Dass die Träume den Menschen meist so unkenntlich und verzerrt erscheinen, ist laut Freud so, um die Kontrollinstanz im Gehirn, den „inneren Zensor", zu überlisten[18]. Es muss also unser Verstand, der alles kritisch hinterfragt, umgangen werden, damit die unterbewussten, „wahren" Gedanken ans Licht kommen können. So können Träume demnach als unbewusste Wünsche interpretiert werden[18].

---

[18]Hürter (2011)
[19]Doucet (1994), S. 8

10

Genauso ergeht es der Hauptfigur Laurenz, welcher auf der Arbeit kaum bemerkt wird, doch in seinen Träumen erfährt man seine innersten Gefühle und Gedanken zu seinen Mitmenschen und zu sich selbst, genau wie es Freud beschreibt. Sein erster unbewusster Wunsch ist, von seinen Kollegen und seinem Chef bemerkt und bewundert zu werden, weshalb er in seinem zweiten Traum so herrschsüchtig und mächtig ist. Sein zweiter Wunsch ist eine Liebesbeziehung mit seiner Kollegin Anna, zu der er seine wahren Gefühle im Wachzustand nicht einsehen konnte, vermutlich aus Angst vor Abweisung.

Es lassen sich also klare Verknüpfungen zu der Theorie von Freud und den Träumen von Laurenz herstellen, zum Beispiel, als Anna vom Tod träumt, denn auch unsere Träume ergeben meist wenig Sinn und scheinen sehr unlogisch, jedoch kann man sie mit dem nötigen Hintergrundwissen analysieren und ausdeuten.

3. Umfrage

Die Träume von Laurenz ließen sich in dem Hörspiel gut analysieren, doch ist es auf die vorhandenen Traumsymbole ausgelegt oder ist Freuds Traumtheorie auch auf das reale Leben und die Träume unserer Mitmenschen anwendbar? Um diese Frage zu beantworten, habe ich eine Umfrage erstellt und 54 Antworten erhalten. Davon kennt sich bloß ein Drittel mit Freuds Traumtheorie aus, ein Drittel hat schon einmal davon gehört und einem drittel ist dieser Begriff völlig unbekannt. Trotzdem haben etwa 68% angeben, dass ihr Traum schon mal Verknüpfungen zu ihrem realen Leben aufwiesen und einigen sogar weitergeholfen hat. Auf die Frage, ob der oder die Befragte glaubt, dass Träume manchmal eine Bedeutung für sie haben könnten und warum, antwortete die Mehrheit, dass sie glaubt, dass im Schlaf Unterbewusstes, Gefühle, Wahrnehmungen und Ängste verarbeitet werden und widerspiegeln, was einen momentan beschäftigt oder sogar vielleicht zeigen, was man eigentlich wirklich will und einem somit weiterhelfen[20]. Das bedeutet, dass viele aus eigener Erfahrung sprechen, wenn sie sagen, dass Freuds Traumtheorie auch im realen Leben bestätigt werden kann, was die unten stehende Abbildung nochmal verdeutlicht. Somit lässt sich zusammenfassen, dass nicht nur die erfundenen Träume eines erfunden Charakters gedeutet werden können, sondern auch unsere Träume im echten Leben, da sich Verbindungen zur Realität herstellen lassen, zu unseren erlebten Lebenssituationen, Gefühlen und Gedanken.

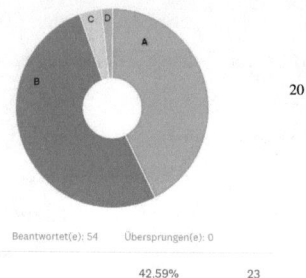

7. „In Träumen kommen unterbewusste Wünsche, Ängste und Gefühle ans Licht, die man sich im Wachzustand nicht eingestanden hat". Stimmen Sie zu?

[20]

Beantwortet(e): 54   Übersprungen(e): 0

A	Ja	42,59%	23
B	Eher Ja	51,85%	28
C	Eher Nein	3,7%	2
D	Nein	0%	0

4. Fazit

Alles in allem lässt sich sagen, dass sich die von mir anfangs aufgestellte Deutungshypothese eindeutig durch meine Analyse, als auch durch die Ergebnisse meiner Umfrage bestätigen lässt, da die verschieden Handlungen und Traumsymbole in Laurenz' Träumen immer Bezüge zu seinen aktuellen Lebenssituationen aufweisen und versuchen, ihm entweder zu helfen, ihn vor etwas zu warnen oder ihm seine unterbewussten Wünsche, Gedanken und Gefühle zu offenbaren, denen er sich in der Wachwelt nicht unbedingt bewusst gewesen ist. Ebenso beschrieben die Teilnehmer meiner Umfrage ihr Verhältnis zwischen Traum und Realität, dass in ihren Träumen oftmals Situationen aus ihrem Wachzustand auftauchten, um diese zu verarbeiten. Des Weiteren appelliert dieses Hörspiel, wie bereits erwähnt, an den Leser, um ihm zu zeigen, dass Träume ein Schlüssel sind, um das Rätsel unseres Bewusstseins zu lösen[21]. Ich persönliche finde, dass Träume und ihre Bedeutung ein Phänomen darstellen und es daher ein sehr interessantes Thema ist, mit dem ich mich gerne in meiner Facharbeit auseinander gesetzt habe.

---

[20]Umfrage (2019)
[21]Klein (2014), S. 12

12

Quellenagaben

Primäre Quellen:

- Bachmann, Ingeborg (1982): *Die Hörspiele,* Textgrundlage: Werke, Band 1, Piper Verlag, 3. Auflage 1993, München

Sekundärliteratur:

<u>Bücher</u>

- ⑩ Klein, Stefan (2014): *Träume – Eine Reise in unsere innere Wirklichkeit* Frankfurt am Main, S. Fischer Verlage
- ⑩ Müller, Willy Peter (2010): *Träume verstehen – Psychologische & spirtuelle Traumdeutung,* Drachenmond Verlag
- ⑩ Ball, Pamela (2007): *10.000 Träume: Traumsymbole und ihre Bedeutung von A bis Z,* Goldmann Verlag
- ⑩ Doucet, Friedrich W. (1994): *Traum und Traumdeutung: Träume psychologisch gedeutet und erklärt,* München, Heyne Verlag
- ⑩ Sackmann, Diana (2015): *Texte, Themen und Strukturen: Umgang mit Sachtexten: Analyse, Erörterung, materialgestütztes Schreiben,* 1. Auflage: Neubearbeitung, Nachdruck, Cornelsen Verlag
- Plett, Heinrich F. (2001): *Einführung in die rhetorische Textanalyse,* Buske Helmut Verlag
- Dudenredaktion (2017): *Duden: Die deutsche Rechtschreibung,* Band 1, 27. Auflage, Duden
- Vollmar, Klausbernd (2011): *Das große Praxisbuch der Traumdeutung: Wie man seine Träume verstehen lernt,* Knaur Verlag

<u>Internetquellen</u>

- Hürter, Tobias: *Schlafforschung: Unser Nachtleben* www.zeit.de/2011/32/Traeume-Wissenschaft (Stand: 4.8.2011)
- Pofalla, Sabine: *Traumdeutung* www.traum-deutung.de/ (O.J.)

<u>Sonstiges</u>

- ⑩ Umfrage: www.mobile.surveymonkey.com (Stand: 3.9.2019)

BEI GRIN MACHT SICH IHR
WISSEN BEZAHLT

- Wir veröffentlichen Ihre Hausarbeit,
  Bachelor- und Masterarbeit

- Ihr eigenes eBook und Buch -
  weltweit in allen wichtigen Shops

- Verdienen Sie an jedem Verkauf

Jetzt bei www.GRIN.com hochladen
und kostenlos publizieren